Pe. Volmir Comparin
Pe. Leomar Antônio Brustolin

Nossa Senhora de Caravaggio
História e novena

Citações bíblicas: *Bíblia Sagrada* – tradução da CNBB, 2ª ed., 2001.

Editora responsável: *Celina Weschenfelder*
Equipe editorial

3ª edição – 2012
3ª reimpressão – 2017

Nenhuma parte desta obra poderá ser reproduzida ou transmitida por qualquer forma e/ou quaisquer meios (eletrônico ou mecânico, incluindo fotocópia e gravação) ou arquivada em qualquer sistema ou banco de dados sem permissão escrita da Editora. Direitos reservados.

Paulinas

Rua Dona Inácia Uchoa, 62
04110-020 – São Paulo – SP (Brasil)
Tel.: (11) 2125-3500
http://www.paulinas.org.br
editora@paulinas.com.br
Telemarketing e SAC: 0800-7010081

© Pia Sociedade Filhas de São Paulo – São Paulo, 2005

História

A aparição ocorreu em meio a divisões

A cidade de Caravaggio, terra da aparição, ficava na fronteira dos estados de Milão e Veneza e na divisa de três dioceses: Cremona, Milão e Bérgamo. Palco da segunda guerra entre a República de Veneza e o ducado de Milão, foi dominada pelos venezianos em 1431. No ano seguinte, ocorreram divisões políticas e religiosas, facções e ataques de bandidos, em que o ódio e a heresia prevaleciam. Pouco antes da aparição de Nossa Senhora de Caravaggio, uma batalha entre esses dois estados abalou o país.

Em 26 de maio de 1432, às 17h da segunda-feira, nesse cenário de desolação, ocorreu a aparição de Nossa Senhora a uma camponesa.

Há uma antiga história de uma mulher chamada Joaneta, de 32 anos, que era piedosa e sofredora. O motivo de seu sofrimento era o marido, Francisco Varoli, ex-soldado conhecido pelo mau-caráter e por judiar dela. Maltratada e humilhada, Joaneta colhia pasto em um prado próximo, chamado Mezzolengo, distante 1,8 quilômetro de Caravaggio.

Entre lágrimas e orações, ela avistou uma senhora que na sua descrição parecia uma rainha, porém se mostrava cheia de bondade. Ela lhe disse que não tivesse medo e que se ajoelhasse para receber uma grande mensagem. A senhora anunciou-se como "Nossa Senhora" e proferiu: "Tenho conseguido afastar do povo cristão os merecidos e iminentes castigos da Divina Justiça e venho anunciar a Paz". Pediu que o povo voltasse a fazer penitência, jejuar nas sextas-feiras e orar na igreja, no sábado à tarde, em agradecimento pelos castigos afastados, e que lhe fosse erguida uma capela. Assim, foi denominada Nossa Senhora de Caravaggio.

Como sinal da origem divina da aparição e das graças que ali seriam dispensadas, ao lado de onde estavam seus pés, brotou uma fonte de água límpida e abundante, existente até os dias de hoje e, nela, muitos doentes recuperam a saúde.

Joaneta, na condição de porta-voz, levou ao povo e aos governantes o recado da Virgem Maria e solicitou-lhes, em nome de Nossa Senhora, os acordos de paz. Apresentou-se a Marcos Secco, senhor de Caravaggio, ao Duque Felipi Maria Visconti, senhor de Milão, ao imperador do Oriente (Constantinopla), João Paleólogo, e propôs a união da Igreja dos gregos com o papa de Roma. Em suas visitas, levava ânforas com água da fonte sagrada, que resultava em curas extraordinárias, prova de veracidade da aparição. Os efeitos da mensagem logo surgiram. A paz foi restabelecida na Pátria e na própria Igreja. Até mesmo Francisco melhorou suas atitudes em relação à sua esposa.

Após cumprir a missão de dar a mensagem de Maria ao povo, aos estados em guerra e à própria Igreja Católica, os historiadores pouco ou nada falam de Joaneta. Por alguns anos, sua casa foi visitada por fiéis. Com o tempo, esse costume desapareceu.

A devoção trazida da Itália para o Brasil

Os imigrantes eram pessoas de fé e acostumados a uma vida cristã intensa. Já nos primeiros dias em terras brasileiras, a necessidade de uma orientação espiritual tornou-se viva entre as famílias, o que só veio a ocorrer cerca de um ano depois.

O atendimento era feito pelo padre João Menegotto, que pertencia à paróquia de Dona Isabel (hoje, Bento Gonçalves/RS). A primeira missa foi celebrada na casa de Bernardo Sbardeloto, no morro de Todos os Santos, em 1878. A segunda na residência da família Biason, e a terceira na de Antônio Franceschet, em 23 de janeiro de 1879. Nessa época, Franceschet construiu um oratório com a ajuda do vizinho Pasqual Pasa.

Eles nunca tinham visto na Itália um padre celebrar uma missa fora da matriz. Para a maioria dos moradores, era estranho uma casa transformada em igreja. Então os dois chefes de família iniciaram a construção de uma igreja em segredo. Derrubaram um pinheiro, prepararam o material e construíram um capitel de 12 metros quadrados, com alpendre na entrada, localizado em frente ao atual cemitério de Caravaggio. A notícia se espalhou rapidamente, e a obra ganhou doações em dinheiro e mão de obra, transformando o oratório em capela, que comportava cerca de cem pessoas.

Como era comum naquela época, a escolha do padroeiro gerou certo conflito entre os moradores. Todos queriam o santo dos próprios nomes para governar espiritualmente a comunidade. Alguns sugeriram o nome de Santo Antônio, mas a ideia foi logo descartada porque o padre não poderia rezar a missa no dia do santo. O motivo? Santo Antônio era o padroeiro da comunidade de Dona Isabel. Outros mencionaram Nossa Senhora. A princípio foi escolhido o título de Nossa Senhora de Loreto. Como não havia uma imagem da santa, Natal Faoro ofereceu como empréstimo – até que uma fosse adquirida – um pequeno quadro com a imagem de Nossa Senhora de Caravaggio, trazido da Itália. Foi posto sobre um altarzinho, lugar de honra da capela, cuja inauguração ocorreu em 1879, ano I do início da devoção a Nossa Senhora de Caravaggio no Brasil e ano primeiro das romarias que seriam futuramente concorridas e numerosas. Estava lançado o alicerce de uma comunidade eclesial.

Na década seguinte, em mutirão, os imigrantes iniciaram a construção de um templo de alvenaria. A comunidade passou a ser chamada de Nossa Senhora de Caravaggio, bem como o local onde foi erguida a capela. Em 26 de maio de 1921, foi elevada à categoria de santuário. Atualmente é composta de cerca de 150 famílias e mais de 650 habitantes. Em 1959, Nossa Senhora de Caravaggio foi declarada pela Santa Sé padroeira da Diocese de Caxias do Sul.

A estátua de Nossa Senhora de Caravaggio, localizada no altar do santuário diocesano, foi feita pelo artista plástico conhecido como Stangherlin, em Caxias do Sul/RS, em 1885. O modelo da obra foi um quadro em preto-e-branco, datado de 1724, com a imagem da santa que ocupava o altar da primeira capela. A estátua foi trazida a pé pelos imigrantes de Caxias do Sul e colocada no altar da nova igreja, edificada em alvenaria.

A construção do atual santuário de Caravaggio durou 18 anos (1945-1963). Imponente, em estilo romano e com capacidade para acolher 2 mil pessoas, uma de suas características mais marcantes está nos grandes ambientes e na iluminação que preenche as salas do santuário. De acordo com a explicação das irmãs escalabrinianas, responsáveis pela assistência aos peregrinos e pela liturgia, "os espaços vazios são preenchidos pela fé dos milhares de fiéis que visitam o santuário anualmente". Segundo elas, a crença em Nossa Senhora de Caravaggio aumenta a cada ano – "o povo manifesta o seu carinho e devoção a Nossa Senhora em pequenos gestos, pequenas homenagens". A grande quantidade de flores, que constantemente circundam o altar, comprova essas afirmações.

Antigo santuário reserva emoção aos visitantes

A velha matriz, ou Capela dos Ex-Votos, como é mais conhecida atualmente, merece atenção especial dos que visitam o Santuário de Nossa Senhora de Caravaggio.

De acordo com dados históricos, foi inaugurada em 1890 pelos imigrantes que povoavam a então linha Palmeiro, que pertencia à colônia Dona Isabel (Bento Gonçalves/RS). Em uma época em que as casas eram fabricadas com madeira ou pedra, eles improvisaram uma olaria para fazer tijolos. Pedras só no campanário, que abrigava um relógio fabricado por Augusto Rombaldi em 1900 e os três sinos importados da Itália, os quais, segundo os moradores mais antigos da comunidade de Caravaggio, ao longo dos anos, têm afastado as chuvas de pedra da região com o som. Em 1921, o pintor Antônio Cremonese fez a decoração interna, que pode ser apreciada até os dias de hoje.

A estrutura conserva a originalidade nas portas pesadas, com maçanetas muito antigas; na pintura das paredes, com imagens sacras; nos bancos de madeira; nos oratórios; nas salas de confissão e, principalmente, nos altares de madeira, com algumas imagens que datam do início da construção. Na igreja, há um sistema de som pelo qual os peregrinos podem ouvir a história da aparição e da fundação do santuário.

Mais que história, a Capela dos Ex-Votos também representa a esperança de um povo. A sua maior riqueza está nos milhares de objetos – conhecidos como votos – deixados por fiéis ao longo dos anos nas salas da igreja. A maioria dos agradecimentos é relativa a graças alcançadas na área da saúde. Aqueles que mais se destacam são fotos com dedicatórias singelas e pessoais a Nossa Senhora de Caravaggio, dispostas em todas as paredes e nas duas salas, antes utilizadas como sacristia.

A quantidade de objetos curiosos, como imagens de santos, quadros, cartas, luvas, bonés, roupas, placas de mármore com dedicatória, sapatos e coletes ortopédicos, bengalas, muletas, aparelhos de correção, pernas e braços de gesso, capacetes, escadas de ferro, bicos, pulseiras, escapulários, terços, placas de automóvel, inclusive, cruzes, é bastante significativa.

Hino da Padroeira

Ó terra ditosa, feliz Caravaggio,
Que a Virgem gloriosa por trono escolheu.

À Virgem cantemos, devotos mortais, /:
E em coro brademos: bendita sejais: /
Ave, ave, ave, Maria.

De todos lugares, Mãe de Caravaggio,
Fiéis aos milhares vos vêm suplicar.

O velho, a criança, o enfermo, o inditoso,
De vós tudo alcança, Rainha do céu.

Livrai-nos dos laços que o mundo nos arma,
Guiai nossos passos à eterna mansão.

Seus filhos e filhas os pais vos consagram:
Guardai as famílias na senda do bem.

Lembrai-vos, Senhora, dos filhos errantes,
Olhai por quem chora sua vida infeliz.

PRIMEIRO DIA
Ó consoladora dos aflitos

Vós, que consolastes a pobre Joaneta em meio à sua aflição familiar, concedei a graça de que tanto necessito (*fazer o pedido*), intercedendo junto a Jesus e ao Espírito Santo, os consoladores do Pai. Santa Maria: rogai por nós. Santa Mãe de Deus: rogai por nós. Glória do Espírito Santo: rogai por nós.

Santa Maria, rogai por nós.
Santa Mãe de Deus , rogai por nós.
Glória do Espírito Santo, rogai por nós.

Oração a Nossa Senhora de Caravaggio (I)

Lembrai-vos, ó puríssima Virgem Maria, que jamais se tem ouvido que deixásseis de socorrer e consolar a quem vos invocou, implorando a vossa proteção e assistência; assim, pois, animado com igual confiança, como a Mãe amantíssima, ó Virgem das Virgens, a vós recorro, de vós me valho, gemendo sob o peso de meus pecados, humildemente me prostro a vossos pés. Não rejeiteis as minhas súplicas, ó Virgem de Caravaggio, mas dignai-vos de as ouvir propícia e de me alcançar a graça que vos peço. Amém.

Oremos

Pai Santo, acolhei as preces que fazemos em honra de Nossa Senhora de Caravaggio e dai-nos sempre querer e cumprir a vossa vontade por Cristo Jesus, na unidade do Espírito.

Ave-Maria...

Rogai por nós, Santa Mãe de Deus, para que sejamos dignos das promessas de Cristo.

Oração a Nossa Senhora de Caravaggio (II)

Ó Maria, Virgem Santa de Caravaggio, do presépio até a cruz cuidastes do vosso Filho e, para Joaneta, fostes consolação e fonte de paz. Mostrai-nos o Salvador, fruto do vosso ventre, e ensinai-nos a acolher Jesus e seguir seu Evangelho. À vossa proteção recorremos, ó cheia de graça, em nossas necessidades: livrai-nos dos perigos; ajudai-nos a vencer as tentações; levai ao Senhor nossa prece e mostrai que sois nossa mãe, a mãe que ele nos deu. Rogai por nós, Nossa Senhora de Caravaggio, para que sejamos dignos das promessas de Cristo. Amém!

Salve-Rainha...

SEGUNDO DIA
Ó cheia de graça

Vós, que fostes saudada pelo anjo Gabriel como preferida do Pai, eleita para ser a Mãe do Filho de Deus por obra do Santo Espírito, olhai compassiva para a minha súplica (*fazer o pedido*).

Filha amada do Pai, rogai por nós.
Fonte de beleza, rogai por nós.
Mãe da bondade, rogai por nós.

Oração a Nossa Senhora de Caravaggio (I)

Lembrai-vos, ó puríssima Virgem Maria, que jamais se tem ouvido que deixásseis de socorrer e consolar a quem vos invocou, implorando a vossa proteção e assistência; assim, pois, animado com igual confiança, como a Mãe amantíssima, ó Virgem das

Virgens, a vós recorro, de vós me valho, gemendo sob o peso de meus pecados, humildemente me prostro a vossos pés. Não rejeiteis as minhas súplicas, ó Virgem de Caravaggio, mas dignai-vos de as ouvir propícia e de me alcançar a graça que vos peço. Amém.

Oremos

Pai Santo, acolhei as preces que fazemos em honra de Nossa Senhora de Caravaggio e dai-nos sempre querer e cumprir a vossa vontade por Cristo Jesus, na unidade do Espírito.

Ave-Maria...

Rogai por nós, Santa Mãe de Deus, para que sejamos dignos das promessas de Cristo.

Oração a Nossa Senhora de Caravaggio (II)

Ó Maria, Virgem Santa de Caravaggio, do presépio até a cruz cuidastes do vosso Filho e, para Joaneta, fostes consolação e fonte de paz. Mostrai-nos o Salvador, fruto do vosso ventre, e ensinai-nos a acolher Jesus e seguir seu Evangelho. À vossa proteção recorremos, ó cheia de graça, em nossas necessidades: livrai-nos dos perigos; ajudai-nos a vencer as tentações; levai ao Senhor nossa prece e mostrai que sois nossa mãe, a mãe que ele nos deu. Rogai por nós, Nossa Senhora de Caravaggio, para que sejamos dignos das promessas de Cristo. Amém!

Salve-Rainha...

TERCEIRO DIA
Ó serva do Senhor

Vós, que aparecestes em Caravaggio pedindo aos cristãos para viver conforme a vontade de Deus, ensinai-me a seguir os caminhos de Jesus e escutar a minha prece...
Santa Virgem Maria, rogai por nós.
Mãe pobre e humilde, rogai por nós.
Mulher mansa e obediente, rogai por nós.

Oração a Nossa Senhora de Caravaggio (I)

Lembrai-vos, ó puríssima Virgem Maria, que jamais se tem ouvido que deixásseis de socorrer e consolar a quem vos invocou, implorando a vossa proteção e assistência; assim, pois, animado com igual confiança, como a Mãe amantíssima, ó Virgem das Virgens, a vós recorro, de vós me valho, gemendo sob o peso de meus pecados, humildemente me prostro a vossos pés. Não rejeiteis as minhas súplicas, ó Virgem de Caravaggio, mas dignai-vos de as ouvir propícia e de me alcançar a graça que vos peço. Amém.

Oremos

Pai Santo, acolhei as preces que fazemos em honra de Nossa Senhora de Caravaggio e dai-nos sempre querer e cumprir a vossa vontade por Cristo Jesus, na unidade do Espírito.

Ave-Maria...

Rogai por nós, Santa Mãe de Deus, para que sejamos dignos das promessas de Cristo.

Oração a Nossa Senhora de Caravaggio (II)

Ó Maria, Virgem Santa de Caravaggio, do presépio até a cruz cuidastes do vosso Filho e, para Joaneta, fostes consolação e fonte de paz. Mostrai-nos o Salvador, fruto do vosso ventre, e ensinai-nos a acolher Jesus e seguir seu Evangelho. À vossa proteção recorremos, ó cheia de graça, em nossas necessidades: livrai-nos dos perigos; ajudai-nos a vencer as tentações; levai ao Senhor nossa prece e mostrai que sois nossa mãe, a mãe que ele nos deu. Rogai por nós, Nossa Senhora de Caravaggio, para que sejamos dignos das promessas de Cristo. Amém!

Salve-Rainha...

QUARTO DIA
Ó perfeita discípula de Cristo

Vós, que soubestes ouvir a Palavra de Deus pela minha intenção (*dizê-la*), fazei que ame mais os mandamentos do Senhor.
Mãe imaculada, rogai por nós.
Mãe de Cristo, rogai por nós.
Discípula fiel, rogai por nós.

Oração a Nossa Senhora de Caravaggio (I)

Lembrai-vos, ó puríssima Virgem Maria, que jamais se tem ouvido que deixásseis de socorrer e consolar a quem vos invocou, implorando a vossa proteção e assistência; assim, pois, animado com igual confiança, como a Mãe amantíssima, ó Virgem das Virgens, a vós recorro, de vós me valho, gemendo sob o peso de meus pecados, humildemente me prostro a vossos pés. Não rejeiteis as minhas súplicas, ó Virgem de Caravaggio, mas dignai-vos de as ouvir propícia e de me alcançar a graça que vos peço. Amém.

Oremos

Pai Santo, acolhei as preces que fazemos em honra de Nossa Senhora de Caravaggio e dai-nos sempre querer e cumprir a vossa vontade por Cristo Jesus, na unidade do Espírito.

Ave-Maria...

Rogai por nós, Santa Mãe de Deus, para que sejamos dignos das promessas de Cristo.

Oração a Nossa Senhora de Caravaggio (II)

Ó Maria, Virgem Santa de Caravaggio, do presépio até a cruz cuidastes do vosso Filho e, para Joaneta, fostes consolação e fonte de paz. Mostrai-nos o Salvador, fruto do vosso ventre, e ensinai-nos a acolher Jesus e seguir seu Evangelho. À vossa proteção recorremos, ó cheia de graça, em nossas necessidades: livrai-nos dos perigos; ajudai-nos a vencer as tentações; levai ao Senhor nossa prece e mostrai que sois nossa mãe, a mãe que ele nos deu. Rogai por nós, Nossa Senhora de Caravaggio, para que sejamos dignos das promessas de Cristo. Amém!

Salve-Rainha...

QUINTO DIA
Ó Mãe da Igreja

Vossa presença em Caravaggio edificou um templo construído por pedras vivas: a comunidade dos seguidores de Jesus. Concedei-me a graça de (*dizê-la*) e de amar cada vez mais a Igreja de Cristo.

Pura imagem da Igreja, rogai por nós.
Esplendor da Igreja, rogai por nós.
Rainha dos Apóstolos, rogai por nós.

Oração a Nossa Senhora de Caravaggio (I)

Lembrai-vos, ó puríssima Virgem Maria, que jamais se tem ouvido que deixásseis de socorrer e consolar a quem vos invocou, implorando a vossa proteção e assistência; assim, pois, animado com igual confiança, como a Mãe amantíssima, ó Virgem das

Virgens, a vós recorro, de vós me valho, gemendo sob o peso de meus pecados, humildemente me prostro a vossos pés. Não rejeiteis as minhas súplicas, ó Virgem de Caravaggio, mas dignai-vos de as ouvir propícia e de me alcançar a graça que vos peço. Amém.

Oremos

Pai Santo, acolhei as preces que fazemos em honra de Nossa Senhora de Caravaggio e dai-nos sempre querer e cumprir a vossa vontade por Cristo Jesus, na unidade do Espírito.

Ave-Maria...

Rogai por nós, Santa Mãe de Deus, para que sejamos dignos das promessas de Cristo.

Oração a Nossa Senhora de Caravaggio (II)

Ó Maria, Virgem Santa de Caravaggio, do presépio até a cruz cuidastes do vosso Filho e, para Joaneta, fostes consolação e fonte de paz. Mostrai-nos o Salvador, fruto do vosso ventre, e ensinai-nos a acolher Jesus e seguir seu Evangelho. À vossa proteção recorremos, ó cheia de graça, em nossas necessidades: livrai-nos dos perigos; ajudai-nos a vencer as tentações; levai ao Senhor nossa prece e mostrai que sois nossa mãe, a mãe que ele nos deu. Rogai por nós, Nossa Senhora de Caravaggio, para que sejamos dignos das promessas de Cristo. Amém!

Salve-Rainha...

SEXTO DIA
Ó auxílio dos cristãos

O vosso santuário de Caravaggio é o sinal visível de vossa assistência permanente a todos os vossos filhos e filhas. Olhai para mim que vos confio (*dizê-lo*) e ajudai-me a viver o que é digno do nome de cristão.

Mulher vestida de sol, rogai por nós.
Mãe do Redentor, rogai por nós.
Rainha dos cristãos, rogai por nós.

Oração a Nossa Senhora de Caravaggio (I)

Lembrai-vos, ó puríssima Virgem Maria, que jamais se tem ouvido que deixásseis de socorrer e consolar a quem vos invocou, implorando a vossa proteção e assistência; assim, pois, animado com igual confiança, como a Mãe amantíssima, ó Virgem das

Virgens, a vós recorro, de vós me valho, gemendo sob o peso de meus pecados, humildemente me prostro a vossos pés. Não rejeiteis as minhas súplicas, ó Virgem de Caravaggio, mas dignai-vos de as ouvir propícia e de me alcançar a graça que vos peço. Amém.

Oremos

Pai Santo, acolhei as preces que fazemos em honra de Nossa Senhora de Caravaggio e dai-nos sempre querer e cumprir a vossa vontade por Cristo Jesus, na unidade do Espírito.

Ave-Maria...

Rogai por nós, Santa Mãe de Deus, para que sejamos dignos das promessas de Cristo.

Oração a Nossa Senhora de Caravaggio (II)

Ó Maria, Virgem Santa de Caravaggio, do presépio até a cruz cuidastes do vosso Filho e, para Joaneta, fostes consolação e fonte de paz. Mostrai-nos o Salvador, fruto do vosso ventre, e ensinai-nos a acolher Jesus e seguir seu Evangelho. À vossa proteção recorremos, ó cheia de graça, em nossas necessidades: livrai-nos dos perigos; ajudai-nos a vencer as tentações; levai ao Senhor nossa prece e mostrai que sois nossa mãe, a mãe que ele nos deu. Rogai por nós, Nossa Senhora de Caravaggio, para que sejamos dignos das promessas de Cristo. Amém!

Salve-Rainha...

SÉTIMO DIA
Ó Senhora da misericórdia

Ó Senhora da misericórdia, que em Caravaggio oferece por meio do sacramento da Igreja a reconciliação do ser humano com Deus e com o próximo, acolhei meu pedido (*dizê-lo*) e fazei de mim instrumento do perdão e da paz.

Rainha do amor, rogai por nós.
Rainha dos confessores, rogai por nós.
Rainha concebida sem pecado, rogai por nós.

Oração a Nossa Senhora de Caravaggio (I)

Lembrai-vos, ó puríssima Virgem Maria, que jamais se tem ouvido que deixásseis de socorrer e consolar a quem vos invocou, implorando a vossa proteção e assistência;

assim, pois, animado com igual confiança, como a Mãe amantíssima, ó Virgem das Virgens, a vós recorro, de vós me valho, gemendo sob o peso de meus pecados, humildemente me prostro a vossos pés. Não rejeiteis as minhas súplicas, ó Virgem de Caravaggio, mas dignai-vos de as ouvir propícia e de me alcançar a graça que vos peço. Amém.

Oremos

Pai Santo, acolhei as preces que fazemos em honra de Nossa Senhora de Caravaggio e dai-nos sempre querer e cumprir a vossa vontade por Cristo Jesus, na unidade do Espírito.

Ave-Maria...

Rogai por nós, Santa Mãe de Deus, para que sejamos dignos das promessas de Cristo.

Oração a Nossa Senhora de Caravaggio (II)

Ó Maria, Virgem Santa de Caravaggio, do presépio até a cruz cuidastes do vosso Filho e, para Joaneta, fostes consolação e fonte de paz. Mostrai-nos o Salvador, fruto do vosso ventre, e ensinai-nos a acolher Jesus e seguir seu Evangelho. À vossa proteção recorremos, ó cheia de graça, em nossas necessidades: livrai-nos dos perigos; ajudai-nos a vencer as tentações; levai ao Senhor nossa prece e mostrai que sois nossa mãe, a mãe que ele nos deu. Rogai por nós, Nossa Senhora de Caravaggio, para que sejamos dignos das promessas de Cristo. Amém!

Salve-Rainha...

OITAVO DIA
Ó saúde dos enfermos

Ó saúde dos enfermos, a fonte sagrada que jorrou no local de vossa aparição tornou-se jardim da esperança para os doentes que lhe invocam. Escutai, ó Mãe, a minha súplica (*dizê-la*) e dai-me saúde do corpo e da alma.

Mãe da vida, rogai por nós.
Mãe da fé, rogai por nós.
Mãe da esperança, rogai por nós.

Oração a Nossa Senhora de Caravaggio (I)

Lembrai-vos, ó puríssima Virgem Maria, que jamais se tem ouvido que deixásseis de socorrer e consolar a quem vos invocou, implorando a vossa proteção e assistência; assim, pois, animado com igual confiança, como a Mãe amantíssima, ó Virgem das Virgens, a vós recorro, de vós me valho, gemendo sob o peso de meus pecados, humildemente me prostro a vossos pés. Não rejeiteis as minhas súplicas, ó Virgem de Caravaggio, mas dignai-vos de as ouvir propícia e de me alcançar a graça que vos peço. Amém.

Oremos

Pai Santo, acolhei as preces que fazemos em honra de Nossa Senhora de Caravaggio e dai-nos sempre querer e cumprir a vossa vontade por Cristo Jesus, na unidade do Espírito.

Ave-Maria...

Rogai por nós, Santa Mãe de Deus, para que sejamos dignos das promessas de Cristo.

Oração a Nossa Senhora de Caravaggio (II)

Ó Maria, Virgem Santa de Caravaggio, do presépio até a cruz cuidastes do vosso Filho e, para Joaneta, fostes consolação e fonte de paz. Mostrai-nos o Salvador, fruto do vosso ventre, e ensinai-nos a acolher Jesus e seguir seu Evangelho. À vossa proteção recorremos, ó cheia de graça, em nossas necessidades: livrai-nos dos perigos; ajudai-nos a vencer as tentações; levai ao Senhor nossa prece e mostrai que sois nossa mãe, a mãe que ele nos deu. Rogai por nós, Nossa Senhora de Caravaggio, para que sejamos dignos das promessas de Cristo. Amém!

Salve-Rainha...

NONO DIA
Ó rainha da paz

Ó rainha da paz, estrela que guia todos que navegam nos mares da vida. Iluminai a mente e os corações dos seres humanos para que todos sejam construtores da paz que é fruto da justiça. E acolhei minha prece (*dizê-la*).

Rainha da paz, rogai por nós.
Senhora da esperança, rogai por nós.
Mãe das famílias, rogai por nós.

Oração a Nossa Senhora de Caravaggio

Lembrai-vos, ó puríssima Virgem Maria, que jamais se tem ouvido que deixásseis de socorrer e consolar a quem vos invocou, implorando a vossa proteção e assistência; assim, pois, animado com igual confiança, como a Mãe amantíssima, ó Virgem das Virgens, a vós recorro, de vós me valho, gemendo sob o peso de meus pecados, humildemente me prostro a vossos pés. Não rejeiteis as minhas súplicas, ó Virgem de Caravaggio, mas dignai-vos de as ouvir propícia e de me alcançar a graça que vos peço. Amém.

Oremos

Pai Santo, acolhei as preces que fazemos em honra de Nossa Senhora de Caravaggio e dai-nos sempre querer e cumprir a vossa vontade por Cristo Jesus, na unidade do Espírito.

Ave-Maria...

Rogai por nós, Santa Mãe de Deus, para que sejamos dignos das promessas de Cristo.

Oração a Nossa Senhora de Caravaggio (II)

Ó Maria, Virgem Santa de Caravaggio, do presépio até a cruz cuidastes do vosso Filho e, para Joaneta, fostes consolação e fonte de paz. Mostrai-nos o Salvador, fruto do vosso ventre, e ensinai-nos a acolher Jesus e seguir seu Evangelho. À vossa proteção recorremos, ó cheia de graça, em nossas necessidades: livrai-nos dos perigos; ajudai-nos a vencer as tentações; levai ao Senhor nossa prece e mostrai que sois nossa mãe, a mãe que ele nos deu. Rogai por nós, Nossa Senhora de Caravaggio, para que sejamos dignos das promessas de Cristo. Amém!

Salve-Rainha...

PRECES

Oração de um enfermo

A vós recorro, ó compassiva Mãe do céu, imerso nas angústias e nas dores da minha enfermidade. Diante dos meus sofrimentos, tende piedade de mim e das pessoas que aflitas me assistem. Renovai em mim os prodígios que a tantos enfermos e atribulados prodigalizastes no vosso Santuário de Caravaggio.

Salvai-me de tantas angústias, concedendo-me a saúde e as forças, e eu irei ao Vosso Santuário, tabernáculo e trono de vossas misericórdias, a fim de vos entoar hinos de perene gratidão.

Se, porém, nos desígnios divinos, deva eu ainda sofrer, dai, ó Virgem Santa, que reconheça e adore, também na dor, as intenções benéficas da Providência Divina. Obtende-me santa resignação a mim e aos que me são caros para sofrer, a exemplo do que sofrestes vós junto ao vosso Divino Filho. Dai-me a graça de uma perfeita conformidade com a eterna vontade do Pai celeste.

Possa eu valer-me da presente provação para remédio salutar, formulando propósitos firmes de me emendar seriamente para o futuro. E assim, purificado e santificado pela dor, mereça me unir a vós mais depressa e tenha as alegrias eternas do céu. Assim seja.

Nossa Senhora de Caravaggio, saúde dos enfermos e consoladora dos aflitos, rogai e intercedei por nós! (*Rezar três Ave-Marias e Salve-Rainhas.*)

Súplica por um doente

Ó Rainha e benigna Mãe do céu, que sempre e tanto vos compadecestes dos pobres doentes e que, aparecendo em Caravaggio, a enriquecestes com uma fonte milagrosa onde acham refrigério todas as enfermidades, acolhei debaixo de vosso manto salvífico o enfermo (a enferma) que recomendamos à vossa proteção. Vede-lhe as dores, os padecimentos e as lágrimas de aflição e apiedai-vos do coração angustiado dos seus parentes e amigos. Daí que também nós, encorajados pela certeza de vossa salutar intercessão, clamemos repetindo as invocações ardentes das turbas: "Jesus, filho de Davi, tende piedade deste pobre enfermo! Senhor, se vós quereis, podeis curá-lo!".

"Ó Senhor, dizei uma só palavra e ele será curado!"

Ó bem-aventurada Senhora de Caravaggio, restabelecei a saúde do enfermo que a vós confiamos, a fim de que seja restituído são e salvo ao carinhoso lar de sua família. Se for, porém, desígnio divino que ele continue sofrendo, concedei-lhe tal paciência que possa suportar e santificar os sofrimentos para ser útil aos irmãos e depois receber a eterna recompensa. Por ele, pois, e por nós, suplicamos a graça de um resignado e confiante abandono à vontade divina. Nossa Senhora de Caravaggio, saúde dos enfermos e consoladora dos aflitos, orai e intercedei por nós! (*Rezar três Ave-Marias e Salve-Rainhas.*)

Petições diárias

(*Rezá-las diante da imagem de Nossa Senhora de Caravaggio.*)

I. Ó piedosíssima Virgem Maria, ó querida Mãe do céu, que aparecestes à pobre Joaneta, em Caravaggio, fazendo aí surgir um manancial de graças para quem confiante a vós recorre e revelando-vos benigna e consoladora dos aflitos, sede-me também a mim propícia nas enfermidades e nas aflições, saúde e merecimento durante minhas tribulações.

Ave-Maria...

Nossa Senhora de Caravaggio, rogai por nós.

II. Ó advogada e Mãe nossa Maria, que no colóquio com Joaneta vos revelastes refúgio dos pecadores e medianeira das graças, dignai-vos ser também para mim valiosa advogada, alcançando-me um sincero arrependimento e o perdão de minhas culpas.

Ave-Maria...

Nossa Senhora de Caravaggio, rogai por nós.

III. Ó gloriosa rainha, ó celestial Maria, que vos mostrastes à camponesa Joaneta auxílio dos cristãos, socorrei-me nos perigos e nas dificuldades. Acompanhai-me no caminho da vida, confortai-me e salvai-me na hora da morte, a fim de que eternamente grato cante no céu vossas glórias sempiternas, junto com vosso filho Jesus Cristo, que com o Pai vive e reina na unidade do Espírito Santo. Amém.

Ave-Maria...

Nossa Senhora de Caravaggio, rogai por nós.

Oração

Fico-vos para sempre agradecido, ó querida Virgem de Caravaggio, diante das imensas misericórdias que sobre mim difundistes. Continuai, porém, a proteger-me sob o vosso manto. Não me abandoneis, mas acompanhai-me sempre com vosso olhar materno, socorrei-me dia e noite com vosso auxílio. Isso também vos peço para meus familiares e para toda a humanidade, remida pelo sangue de Jesus Cristo, vosso Filho. Amém.

Nossa Senhora de Caravaggio, rogai por nós.

Hora da aparição
(cinco horas da tarde)

Desde o dia em que Nossa Senhora apareceu à angustiada camponesa Joaneta Varoli para livrá-la das tribulações e torná-la instrumento de suas misericórdias, a hora da aparição é lembrada carinhosamente para pedir favores a Virgem de Caravaggio.

Não te esqueças, pois, na medida do possível, de dedicar a Maria tão preciosa hora: Ó Maria, querida Mãe e Senhora Nossa, vós nos vedes aqui prostrados aos vossos pés, repletos de gratidão e de confiança, na hora bendita da vossa aparição em Caravaggio.

Pois bem, se estamos na hora de vossos prodígios, mostrai-nos vossa maternal intercessão a nós que suplicantes vos invocamos. Somos pecadores como Joaneta, por isso mesmo assiste-nos maior direito à vossa compaixão.

Quem nos atenderá se não nos atendeis vós, que jamais repelis quem a vós recorre? Contemplai esta multidão perante vós e vede quantos enfermos e angustiados.

Ó Mãe bondosa, concedei saúde aos doentes, consolai os que choram, purificai os que estão em discórdia, acolhei os lamentos do oprimido e os suspiros do moribundo. Dai-nos paz, tranquilidade e sã alegria. Suplicamos a insigne graça de encontrar Jesus e, para tanto, reavivai nossa fé, incrementai nossa esperança e inflamai-nos de ardente caridade.

Finalmente, grande senhora e advogada, fazei que, na hora da morte, antes de comparecermos perante o Supremo Juiz, nos encontremos convosco. Assim seja.

Joaneta, mensageira da paz

Joaneta no seu tempo se tornou mensageira da paz para o próprio marido, para o ducado de Milão e a República de Veneza, que estavam em guerra, para os gregos e os outros povos cristãos, que separados estavam e se uniram ao papa de Roma.

Oremos pela paz e harmonia das famílias, pela paz no Brasil e no mundo e pela união dos cristãos em um ecumenismo bem entendido e fielmente praticado, como orou o Senhor Jesus na última Ceia, "que todos sejam um", um só rebanho sob um único pastor Jesus Cristo.

Ave-Maria...

Nossa Senhora de Caravaggio, rogai por nós.

Invocações

Nossa Senhora de Caravaggio, rogai por nós.

Nossa Senhora de Caravaggio, abençoai o santo padre, o Papa.

Nossa Senhora de Caravaggio, protegei a santa Igreja.

Nossa Senhora de Caravaggio, abençoai os nossos bispos.

Nossa Senhora de Caravaggio, abençoai os sacerdotes.

Nossa Senhora de Caravaggio, fortalecei e multiplicai as vocações sacerdotais e religiosas.

Nossa Senhora de Caravaggio, abençoai e santificai as famílias.

Nossa Senhora de Caravaggio, protegei a inocência das crianças.

Nossa Senhora de Caravaggio, protegei a juventude.

Nossa Senhora de Caravaggio, dai-nos saúde para glória da Santíssima Trindade.

Nossa Senhora de Caravaggio, convertei os pecadores.

Nossa Senhora de Caravaggio, concebida sem pecado, rogai por nós que recorremos a vós.

Nossa Senhora de Caravaggio, rogai por nós ao vosso bendito Filho!

Nossa Senhora de Caravaggio, dai alívio às almas de nossos falecidos.

Nossa Senhora de Caravaggio, dai descanso eterno às almas de vossos fiéis.

Nossa Senhora de Caravaggio, livrai-nos das penas eternas do inferno.

Nossa Senhora de Caravaggio, sede nossa proteção na vida e na hora da morte.

Nossa Senhora de Caravaggio, recebei-nos na pátria celestial.

Nossa Senhora de Caravaggio, fortalecei os laços da fraternidade.

Nossa Senhora de Caravaggio, conduzi-nos pelos caminhos da paz. Amém.

Rosário

O rosário, devoção querida, fácil e substanciosa, está ao alcance de todos. Recomenda-se rezar parte dele diariamente da seguinte maneira: inicia-se com Creio, Pai-Nosso, três Ave-Marias, Glória-ao-Pai. Anuncia-se o Mistério para meditação e, em seguida, reza-se um Pai-Nosso e dez Ave-Marias. Finalmente a Salve-Rainha.

Mistérios gozosos
(segundas-feiras e sábados)

1. A encarnação do Verbo Divino (Lc 1, 26-38)
2. Visita de Nossa Senhora a sua prima, Santa Isabel (Lc 1,39-48)
3. O nascimento de Nosso Senhor, Jesus Cristo (Lc 2,1-21)
4. A apresentação do Menino Jesus no templo (Lc 2,22-40)

5. O encontro do Menino Jesus no templo (Lc 2,41-52)

Mistérios luminosos (quintas-feiras)

1. O batismo de Jesus no Jordão (Mt 3, 13-16)
2. Autorrevelação de Jesus nas bodas de Caná (Jo 2,1-12)
3. O anúncio do Reino de Deus como convite à conversão (Mc 1,14-15)
4. A transfiguração de Jesus (Lc 9,28-36)
5. Instituição da Eucaristia (Mt 26,26-29)

Mistérios dolorosos (terças e sextas-feiras)

1. A agonia de Jesus no horto das Oliveiras (Mc 14,32-42)
2. A flagelação de Jesus (Mt 15,16-20)
3. A coroação de espinhos (Mc 27,27-30)
4. Jesus no caminho da Cruz (Jo 19,17-22)
5. A morte de Jesus no Calvário (Jo 19, 25-30)

Mistérios gloriosos
(quartas-feiras e domingos)

1. A ressurreição de Jesus Cristo (Mc 16,1-8)
2. A gloriosa ascensão de Jesus (At 1,4-11)
3. A vinda do Espírito Santo (At 2,1-14)
4. A assunção de Maria ao Céu (1Cor 15,20-23.53-55)
5. A coroação de Maria Santíssima como Rainha do Céu e da Terra (Ap 12,1-6)

Procissão e bênção eucarística

O salmista, durante a procissão, profere as invocações em voz alta e pausada, com todo afeto:
Senhor, nós vos adoramos!
Senhor, nós vos amamos!
Senhor, temos confiança em vós!
Hosana, hosana ao Filho de Davi!
Bendito aquele que vem em nome do Senhor!
Vós sois o Cristo, o Filho do Deus vivo!

O povo as repete.

Canto

O salmista continua:
Vós sois a ressurreição e a vida.
Salvai-nos, Jesus, senão perecemos.
Senhor, se quiserdes, podeis curar-me!
Senhor, dizei uma só palavra e serei curado!
Senhor dos aflitos, socorrei-nos!

Senhor, Filho de Maria, tende piedade de nós!

Jesus, Filho de Davi, tende piedade de nós!

Sagrado Coração de Jesus, eu tenho confiança em vós!

O povo as repete.

Salmista:
E se Jesus tarda em vir em nosso auxílio "é porque os nossos pecados retraem o seu poder miraculoso". Peçamos, pois, perdão de nossos pecados ao Pai de bondade, ao Filho redentor, ao Espírito consolador!

Perdoai, Senhor, perdoai vosso povo. Que a vossa ira sobre nós não dure sempre.

O povo repete a invocação.

Pausa

Salmista:
Meu Deus, vinde em meu auxílio, vinde depressa, socorrei-nos!

Senhor, aquela a quem ama está doente!
Senhor, fazei que eu veja!
Senhor, fazei que eu ande!
Senhor, fazei que eu ouça!

O povo as repete.

Salmista:
Dirijamo-nos a Maria, Mãe de Jesus e Mãe nossa, para que ela apresente nossa súplica ao bendito Filho e dele consiga, por sua poderosíssima intercessão, a saúde do corpo e da alma.
Mãe do Salvador, rogai por nós!
Mãe de Deus e Mãe da Igreja, rogai por nós!
Santa Maria, Mãe de Deus, rogai por nós pecadores!
Saúde dos enfermos, rogai por nós!
Auxílio dos cristãos, rogai por nós!
Consoladora dos aflitos, rogai por nós!
Rainha da Paz, rogai por nós!

O povo repete as invocações.

Invocações

Ó Jesus, Filho de Maria, tende piedade de nós!

Ó Jesus, presente na hóstia santa por vossa Mãe Santíssima, ouvi nossos rogos!

Ó Jesus, por vossa Mãe santíssima de Caravaggio, salvai nossa alma!

Ó Jesus, por vossa Mãe santíssima de Caravaggio, dai-nos a saúde do corpo!

Ó Jesus, por vossa Mãe santíssima de Caravaggio, convertei os pecadores e salvai os moribundos!

Oração pelo Papa

V. Oremos pelo santo padre, o Papa (*citar o nome*).

R. O Senhor o guarde e lhe conceda longa vida, torne-o feliz na terra e não o deixe cair nas mãos de seus inimigos.

V. Tu és Pedro. Aleluia.

R. E sobre esta terra edificarei a minha Igreja. Aleluia!

Oremos

Deus Pastor e guia dos fiéis, olhai propício para vosso servo (*citar o nome*), que constituístes pastor da vossa Igreja.

Concedei-lhe, suplicamos a vós, a graça de edificar seus súditos com suas palavras e exemplos a fim de que, com o rebanho que lhe foi confiado, alcance a vida eterna. Por nosso Senhor Jesus Cristo, que convosco vive e reina na unidade do Espírito Santo. Amém.

Oração pelo Bispo

V. Oremos pelo nosso Bispo (*citar o nome*).

R. Que ele permaneça firme e apascente o seu rebanho na vossa fortaleza, Senhor, e na sublimidade de vosso nome.

V. Tu és sacerdote para sempre. Aleluia.

R. Segundo a ordem de Melquisedeque. Aleluia!

Oremos

Ó Deus, que velais sobre o vosso povo com bondade e o conduzis com amor, dai o espírito de sabedoria e a abundância de vossa graça a vosso servo (*citar o nome*), nosso prelado a quem confiastes o cuidado de nossa direção espiritual, para que ele cumpra fielmente junto de nós os deveres do ministério sacerdotal e receba na eternidade a recompensa de um fiel dispensador. Por nosso Senhor Jesus Cristo, que convosco vive e reina na unidade do Espírito Santo. Amém.

Canto da bênção

Tão sublime sacramento
Adoremos neste altar.
Pois o Antigo Testamento
Deu ao Novo seu lugar.
Venha a fé por suplemento
Os sentidos completar.

Ao Eterno Pai cantemos
E a Jesus, o Salvador.
Ao Espírito exaltemos
Na Trindade eterno amor.
Ao Deus uno e trino demos
A alegria do louvor.
Amém!

V. Do céu lhe deste o pão (tempo pascal Aleluia).
R. Que contém todo o sabor (tempo pascal Aleluia).

Oremos

Deus, que neste admirável sacramento nos deixastes o memorial de vossa paixão, concedei-nos tal veneração pelos sagrados mistérios do Vosso Corpo e Sangue. Que experimentemos sempre em nós a sua eficácia redentora. Vós sois Deus com o Pai na unidade do Espírito Santo.

V. Amém.

Após a bênção do Santíssimo Sacramento

Bendito seja Deus!
Bendito seja seu santo nome!
Bendito seja Jesus Cristo, verdadeiro Deus e verdadeiro homem!
Bendito seja seu sacratíssimo coração!
Bendito seja seu preciosíssimo sangue!
Bendito seja Jesus, no santíssimo sacramento do altar!
Bendito seja o Espírito Santo Paráclito!
Bendita seja a grande Mãe de Deus, Maria santíssima!
Bendito seja sua santa e imaculada Conceição!
Bendita seja o nome de Maria, Virgem e Mãe!
Bendito seja Deus, em seus anjos e em seus santos!

Oração pela Igreja e pela Pátria

Deus e Senhor nosso, protegei a vossa Igreja, dai-lhe santos pastores e dignos ministros. Derramai as vossas bênçãos sobre nosso santo padre, o Papa, nosso Bispo, nosso pároco e todo clero, sobre o chefe da Nação e do Estado e sobre todas as pessoas constituídas em dignidade, para que governem com justiça. Dai ao povo brasileiro paz constante e prosperidade completa. Favorecei, com efeitos contínuos da vossa bondade, o Brasil, este bispado, a paróquia em que habitamos, a cada um de nós em particular e a todas as pessoas por quem somos obrigados a orar ou que se recomendaram às nossas orações. Tende misericórdia das almas dos fiéis que padecem no purgatório; dai-lhes, Senhor, o descanso e a luz eterna. (*Rezar Pai-Nosso, Ave-Maria e Glória se for oportuno.*)

INFORMAÇÕES ÚTEIS

Horários de atendimento da igreja

De segunda a sábado: das 7h às 19h
Aos domingos: das 6h às 18h

Horários das missas

De segunda a sexta-feira: 9h – 15h – 17h
Aos sábados: 9h – 10h30 – 15h – 16h – 17h
Aos domingos: 6h30 – 8h – 10h – 11h – 14h – 15h – 16h – 17h
Dia votivo: dia 26 de cada mês
6h30 – 9h – 10h30 – 13h – 14h – 15h – 16h – 17h

Endereço

Santuário Diocesano
Nossa Senhora de Caravaggio
Caravaggio – Caixa Postal 194 – Farroupilha/RS
CEP 95180-000 – Tel./Fax: (54) 3260-5166
E-mail: santuario@caravaggio.org.br
Site: www.caravaggio.org.br

NOSSAS DEVOÇÕES
(Origem das novenas)

De onde vem a prática católica das novenas? Entre outras, podemos dar duas respostas: uma histórica, outra alegórica.

Historicamente, na Bíblia, no início do livro dos Atos dos Apóstolos, lê-se que, passados quarenta dias de sua morte na Cruz e de sua ressurreição, Jesus subiu aos céus, prometendo aos discípulos que enviaria o Espírito Santo, que lhes foi comunicado no dia de Pentecostes.

Entre a ascensão de Jesus ao céu e a descida do Espírito Santo, passaram-se nove dias. A comunidade cristã ficou reunida em torno de Maria, de algumas mulheres e dos apóstolos. Foi a primeira novena cristã. Hoje, ainda a repetimos todos os anos, orando, de modo especial, pela unidade dos cristãos. É o padrão de todas as outras novenas.

A novena é uma série de nove dias seguidos em que louvamos a Deus por suas maravilhas, em particular, pelos santos, por cuja intercessão nos são distribuídos tantos dons.

Alegoricamente, a novena é antes de tudo um ato de louvor ao Pai, ao Filho e ao Espírito Santo, Deus três vezes Santo. Três é número perfeito. Três vezes três, nove. A novena é louvor perfeito à Trindade. A prática de nove dias de oração, louvor e súplica confirma de maneira extraordinária nossa fé em Deus que nos salva, por intermédio de Jesus, de Maria e dos santos.

O Concílio Vaticano II afirma: "Assim como a comunhão cristã entre os que caminham na terra nos aproxima mais de Cristo, também o convívio com os santos nos une a Cristo, fonte e cabeça de que provêm todas as graças e a própria vida do povo de Deus" (*Lumen Gentium*, 50).

Nossas Devoções procura alimentar o convívio com Jesus, Maria e os santos, para nos tornarmos cada dia mais próximos de Cristo, que nos enriquece com os dons do Espírito e com todas as graças de que necessitamos.

Francisco Catão

Impresso na gráfica da
Pia Sociedade Filhas de São Paulo
Via Raposo Tavares, km 19,145
05577-300 - São Paulo, SP - Brasil - 2017